하얀 그리움에 물든 꽃잎

강은혜 시집

홍 익 출 판 사

自 序

바람이 분다.
점점 거세고 매몰차게 불면
새들은 가지에서 떨어질세라
안간 힘을 쓰다 폭풍이 몰아치면
어디론가 저마다 둥지를 찾아가는데
짝 읽고 집을 잃은 외로운 새 한 마리
어디로 가야 할까
상처 깊어 갈 곳을 잃고
슬픔마저 깃털을 무겁게 짓누를 때
내 영혼의 깃털 뽑아서라도 편히 쉬어갈 수 있는
누구에겐가 둥지 하나 만들어 주고 싶다.
소외된 그들에게 기쁨 · 사랑 · 희망을
나누어 줄 수 있는 시혼 꽃 피울 수 있다면
결코 신이 허락한 험한 길도 포기하지 않으리라.

강 은 혜

차 례

自序 … 3

제1부 새의 눈물로 씻은 세월

마지막 잎 새 …… 14
꽃이 진다고 탓하지 마라 …… 15
새의 눈물로 씻은 세월 …… 16
세월이 꽃잎 사이로 …… 18
갈대밭 …… 19
대나무 숲도 울었다 …… 20
일출 …… 21
춘설 …… 22
그물 …… 23
은행나무 …… 24
독도는 우리의 땅 …… 25
서울의 달 …… 26
봄이 말했다 …… 27
봄 봄 …… 28
진정한 친구 …… 29
만추 …… 30
비가 오는 날엔 …… 31

제2부 하얀 그리움에 물든 꽃잎

사랑 ········· 34
사랑 · 2 ········· 35
첫 사랑 ········· 36
첫 사랑 · 2 ········· 38
그리움 ········· 39
이별 ········· 40
당신이 내게로 와 ········· 42
당신의 꽃이고 싶다 ········· 44
내 사랑하는 사람아 ········· 45
하얀 그리움에 물든 꽃잎 ········· 47
그리움이 되어 ········· 49
불꽃 사랑 ········· 50
사랑하는 당신과 함께 ········· 51
사랑에 색깔이 있다면 ········· 53
사랑의 힘 ········· 54
사랑은 약 ········· 55
뜨거운 사랑 ········· 56
그리움 · 2 ········· 57

제3부 세상은 고해에 뜬 꽃잎 인가

그 세월 앞에 하고 ······ 60
여름날의 태양 ······ 61
인생 길 ······ 62
세월이 찍고 간 발자국 ······ 64
마지막 한 잎 ······ 65
세월은 산을 넘어 갔을까 ······ 66
낙엽 ······ 67
고목나무에 꽃이 피리라 ······ 68
가을은 빛의 언어 ······ 70
가을의 혈서 ······ 71
목련화 피는 날에는 ······ 72
낙엽이 질 때면 · 2 ······ 73
계룡산의 낙엽 ······ 75
겨울비 ······ 76
태풍 ······ 77
시인은 늙지 않는다 ······ 78
죽음의 축제 ······ 79

제4부 어머니의 품은 눈물로 만들었나

어머니 ······ 82
모정의 세월 ······ 83
진달래 ······ 85
진달래 미소 ······ 86
코스모스 ······ 87
은행나무 · 2 ······ 88
목련화 ······ 89
개나리 ······ 90
산수유 ······ 91
백운 산 ······ 92
사랑의 조건 ······ 93
가을 여인 ······ 94
부부 ······ 95
아름다운 사람은 ······ 97
청송의 봄 ······ 98
운현궁 ······ 100
행복이란 ······ 101

제5부 가슴에 눈금은 무엇으로 읽나

가슴의 눈금 읽기 …… 104

가슴이 개벽하면 …… 105

너는 그랬으면 좋겠어 …… 106

진정 아름다운 사람은 …… 107

도시의 무쇠 달 …… 108

잠진도의 이별 …… 109

일출 · 2 …… 110

그리움의 태종대 …… 111

기차는 슬픔을 싣고 떠났다 …… 113

뒷모습 …… 114

인사동엔 비만 내리고 …… 115

비 …… 116

두 얼굴의 꽃 …… 117

마음 …… 118

인생의 밤 …… 119

노숙자 …… 120

나는 광부 …… 122

유월의 비 …… 123

제6부 외로움이 밟고 간 갈대밭

지워지지 않는 이름 …… 126
돌아올 수 있을까 …… 127
별을 볼 수 없는 날에는 …… 128
억새의 이름표 …… 130
외로움이 밟고 간 갈대밭 …… 131
별이 보고 싶은 날 …… 133
사랑을 슬픔이 안고 …… 134
명성산 억새 …… 136
푸른 비 …… 137
슬픈 웃음 …… 138
바람과 구름 …… 139
외로운 강가에서 …… 141
망각의 무덤 속에 …… 143
부서진 이름 하나 …… 144
산산이 부서진 이름 하나 …… 145
다 잊으렵니다 …… 147
낙엽 · 2 …… 148
바람 그리고 나무 …… 149

제7부 꽃으로 불리 울 당신

꽃으로 불리 울 당신 ······ 152
아픔 없이는 ······ 153
함께 있고 싶은 사람 ······ 154
임에게 드리는 노래 ······ 155
마주 선 사랑 ······ 157
당신은 도자기 ······ 158
어느 방랑자의 연인 ······ 159
사랑의 기쁨 ······ 161
눈이 오면 ······ 162
가슴앓이 ······ 164
그리운 바다 ······ 166
함께 흐르고 싶다 ······ 167
남자의 눈물 ······ 168
붉은 장미 ······ 170
겨울 바다 ······ 171
기다림 ······ 172
가장 행복한 날 ······ 174
벗이여 ······ 176

제1부

새의 눈물로 씻은 세월

마지막 잎 새

바람의 입질에도
슬피 운다.

가지마다 흔드는
별리別離
그 이별 앞에 하고 서면
나도
잎 새로 찍은 발자국 따라 걷는
이별 중이다.

꽃이 진다고 탓하지 마라

꽃이 진다고
탓하지 말 것이

지지 않고는 어찌
열매를 거두랴

맺은 열매는
사랑의 산욕

그 아픔만이
사랑을 얻는 것을

새의 눈물로 씻은 세월

젖은 꽃잎이
해 그림자 안고
새의 눈물로 씻은 세월을
한 움큼씩 뿌리고 있다.

시린 봄바람
풀어 놓은 꽃잎
분홍빛 밀어 쓸어내며
길을 연다.

세상 끝 벼랑에 핀
한 송이 꽃잎일지라도
우는 모습 본적이 없다.

사랑한다고 다 사랑받는 것 아니고
미워한다고 다 미움 받는 것이 아닌
사랑의 방정식

사랑한다고 다 행복한 것 아니고
미워한다고 다 슬픈 것도 아닌
미지수 그 사랑의 함수
울고 싶어도 웃어야 하고
웃고 싶어도 울어야 하는
겪어야 할 숙명의 과제

바람의 이빨 사이로 새어나간 세월
우수수 역사 속으로 몸을 숨기고
기억 속에 감췄던 추억의 편린들을
연한 꽃잎이
붉은 노을에 말리고 있다.
여로에 서서

세월이 꽃잎 사이로

세월이
꽃잎 사이로
풀잎을 밟고 갔을까

바람 사이로
구름을 밟고 갔을까
그도 아니면
이마 사이로
얼굴에 그림을 그리고 갔을까
그림 속에 비애 한 점
한 발로 딛고 서서
이미 안면을 바꾸고 있다.

갈대밭

당신은 항시
나를 갈대밭에 세웁니다.

그 곳에서
이별을 배워줍니다.

아픈 이별의
기다림으로 하얗게 늙은
갈대

그 갈대밭에서
갈대로
당신 가슴에 서 있으렵니다.

대나무 숲도 울었다

바람이 부는 날엔
우우 우 울었다.

달 밝은 밤엔
달 따다 걸어 놓고
외로움으로 울었다.

감나무 가지에
부엉이라도 오는 날엔
마디마디 구멍 뚫어
피리로 울었다.

피리로 울면
어느 날 말없이 떠난
임
돌아올 수 있을까

일출

새벽어둠을 가로 지르며
배 한척
포구로 돌아오고 있다.

고물에 매단
예인의 그물에 걸려
불덩이 하나 끌려오고 있다.

통 통 통
긴 메아리에 감겨 끌려오던
일출에
포구를 덮고 있던 산 그림자
한 겹씩 허물이 벗겨져 나간다.

춘설

모두들
고향 시베리아로 돌아가는데

젖은 날개 길을 잃어
잘못 내려앉았을까

아니면
그리운 임 만나지 못해 흘리는
눈물이 얼음 꽃으로 피었나

얼음처럼 찬 가슴 따뜻한 가슴으로
품으면 그리움이 되어
사랑으로 피어날까

피어나서
봄눈 녹듯이 긴 아픔의 세월
묻어 줄까

그물

칠흑 같은 밤이 그물을 치면
꼼짝 없이 우리는
꿈의 보자기에 싸인 채
인양 됩니다.

인양된 꿈은
아침 식탁에 놓여지고
식사 대신 씹히는
메뉴가 됩니다.

우리들은
언제나 밤을 강으로 살고
어둠에 그물에 걸려 인양되는
물고기 신세 들입니다.

은행나무

은행나무는
목장에 울타리에 둘러친
목익木杙

살찐 말떼
방목으로 살찌우다가
어느 날 일으키는
내란
울타리를 부서고
뛰쳐나간 말발굽만
여기 저기 찍혀 있다.

독도는 우리의 땅

독도를 아시나요
조선 땅인 것도 아시나요

왜구倭寇들이 넘보며
침 흘리는 것도 아시나요

그래도
독도는 우리의 땅
우리 대한민국 땅 이지요

헌데
왜구倭寇들은
왜倭 왜倭 그걸 모를까

서울의 달

아파트 꼭대기에
목매단 채 걸려있다.

강물에 떨어뜨린
거울로 수장 됐다가

휘영청 도심의 불빛 꺼지길
기다리다
제가 먼저 잠들어 버린
서울의 달

봄이 말했다

내일을
버리려 한 오늘이
봄을 만났다.

나처럼 고뇌 속에서도
땅속 깊이 몸을 낮추고
때를 기다리라고

봄 봄

저 붉은 꽃잎은
피 빛 입술이다.

한번도
입맞춤 해본 적 없는
숫처녀의 입술이다.

봄은
숫처녀 꽃잎으로 말하는
꽃말

가만히
귀 기울이면 들린다.
"사랑해요"

진정한 친구

멀리 있어도
가슴에 산다.

가슴에서
내
울음을 먹는다.

끝내
잔잔한 호숫가에
노을이 된다.

만추

사과 빛깔 속에
빠알간 추억이 들어있다.

추억 속에는
익은 가을이 숨어서
푸른 잎에
빨간 물감으로 물들이고 있다.

단풍 속에는
갈 가을의 무게가 들어있어
무거운 지
한 잎씩 자신을 잘라내고
잘려진 낙엽
한 마리 새가 되어
귀천중이다.

비가 오는 날엔

비가 오는 날엔
젖은 몸으로 걷고 싶다.

젖지 않는 우산이 되어 주는
이름 하나
동행하고
빗속을 걷고 싶다.

걷다
어디쯤 찻집이라도 만나면
찻잔 앞에 하고
젖은 나그네가 되고 싶다.

제2부

하얀 그리움에 물든 꽃잎

사랑

동해 바다는
날 세운 파랑 대패삼아
오로라를 깎아 내며
해를 띄워 올린다.

띄어 올린 해는
어둠과
아침
내 가슴에도
파도 이는 날이면
날 세운 삽질로
빛을 퍼 올려
다시 가슴에 담는다.

사랑 · 2

임의 얼굴은 없습니다.
마음도
형체도 없습니다.

쇠를 녹일 수 있는 풀무질의
불꽃 이었습니다.

지구를 바다로 만들 수 있는
눈물 이었습니다.

흘러가는 강물처럼 가둘 수 없는
그리움 이었습니다.

당신은
바람 이었습니다.

첫 사랑

내 어찌
당신의 가슴을 만져볼 수 있을까
당신을 만난 후로는 상념에 젖어
하루에 짐을 내려놓을
길을 열어 놓는다.

작은 풀잎하나
지나는 바람결에도
당신의 웃음이 묻어있고

앉으나 서나
언제나 당신생각으로
아무 것도 보이지 않고
들리지도 않는다.

언제나 따뜻한 당신의 품속
사랑의 중량과 명암을 근심하며
행복의 문을 열어 보고
저미도록 사랑하는 마음

햇빛에 꺼내본다.

당신의 여문 싹이
어느덧 내 가슴에서 자란다.

첫 사랑 · 2

당신이 심어준
싹 하나
가슴으로 키운다.

그리움을 먹고 자라다가
언젠가는
꽃으로 피어 사랑으로 불리 울
첫 사랑

그리움

가지 끝에 숨은
바람의 방화범
가지 끝까지 불 지르고
불 지른 천지를 불꽃으로
수놓는 갈 가을이
산등성으로 붉게 밀려간다.

설운 눈가에 맺힌 이슬
이젠 접어야 할 사랑
가슴에 안고 돌아서는 길엔

언제 피었는지 하얀 들꽃 웃음이
핏빛으로 물들어 가고 있다.
바람의 발자국 따라

이별

우리 만남은 연두 빛 설렘으로
가슴 포개며
이기지 못한 기쁨 불꽃으로 피웠다.

불꽃은 진실을 승화하지도
어둠을 소멸하지도 못하고
뒷걸음치다 여린 꽃잎을 밟고 말았다.

여린 꽃잎 북풍 한 설에 시들어
하얀 웃음으로 흩날리는
허상을 잡으려 새벽 바다 서성인다.

새벽 바다가 사모하는 일출에
그대와 불타는 선혈의 함성 속에
그 바닷가 걸으려 했는데

임 떠난 빈자리에
감미로운 너의 목소리
아픔으로 천천히 걸어온다.

이별 뒤에 감추어진 당신의 시린 미소가
가슴 언저리에 비수처럼 꽂힌다 해도
당신의 행복을
빌지 않을 수 없음을…

당신이 내게로 와

언제부터인가
당신이 내게로 와
물안개 자욱한
갈대밭처럼 흔들거립니다.

질퍽하게 흐르는
당신의 다비도프 향기
터질 것 같은 팽창한 환희로
강가에 길을 내었습니다.

그날은 꿈꾸던 환상의 길
푸른 꿈속에 꼭꼭 숨겨두었던
그리운 얼굴 하나
푸른 초원의
들꽃의 입술로 피어납니다.

당신은 언제부터인가
내게로 와
시린 칼끝에 올라탄 허무를 베는

꽃잎입니다.

가시입니다.

당신의 꽃이고 싶다

보는 것만으로도 설레는
당신의 뜰 안에 피어난 꽃
어찌할까
비록 이름 없는
들꽃 웃음 같은 빛깔이라도
눈이 부셔
불꽃같은 환희 어찌할지 몰라
그대로 안겨 잠들고 싶다.

괴롬과 슬픔이 안개비로 내려도
한 송이 꽃 피웠기에
서로 어루만지며 사랑하고 싶다.

잠시 피다 지는 꽃이 아닌
영원이 지지 않는 사랑의 꽃
이슬방울 달빛 드리우고
다시 마주치고 싶은
그런
꽃으로 피어나고 싶다.

내 사랑하는 사람아

천년을 기다려도 만나지 못할
내 사랑하는 사람아
천년을 사랑해도 다 채우지 못할
내 사랑하는 사람아

심장을 휘젓는 희열
사무치는 그리움의 도가니는
너무 사랑해서 끓는 가슴이다.

같이 있어도 더 보고 싶고
돌아서도 또 보고 싶은
내 사랑하는 사람아

새벽 바다가 달을 줍는 곳으로
바람 이빨 사이로 은하수 흐르는 곳
눈 속에 별이 총총히 일어서는 곳으로
함께 가자
이 세상 다 변해서
우리의 모습이 변해도

영원히 사랑해야 할 하늘이 주신
내 사랑하는 사람아

하늘에서 달 꽃이 부서져 내리고
하이얀 달맞이꽃의 웃음 구름을 밟고
너의 고운 얼굴 어루만질 때 짓는
행복한 미소
가슴에 여울져 흘러 강을 이루기까지
그대 곁에 머물고 싶다.

천년이나
만년이나
바람의 머리가 허여케 희어져
흰 눈처럼
하얗게 내릴 때까지 사랑해야 할
정녕 사랑하는 사람아

하얀 그리움에 물든 꽃잎

그리움
하얀 숨결의
감미로운 밀어
내 창가에 신비의 빛깔로
가슴 설레는 섬광
잔잔한 내 뜨락을 서성인다.

바람의 날개 사이로
빗방울 하나 둘
보고 싶은 얼굴이다.

그리움에 우수雨水
젖은 꽃잎을
붉은 웃음이 사랑으로 말리고 있다.

하얀 그리움에 물든 꽃잎
분홍빛 연풍 앞세워
미처 사르지 못한 연민
애무의 눈길로 붙잡아 보지만

이별보다 더 아픈 건

저무는 사랑에 응어리진 그리움

노을빛 흔들어 봐도

여전히

그대가 보고 싶다.

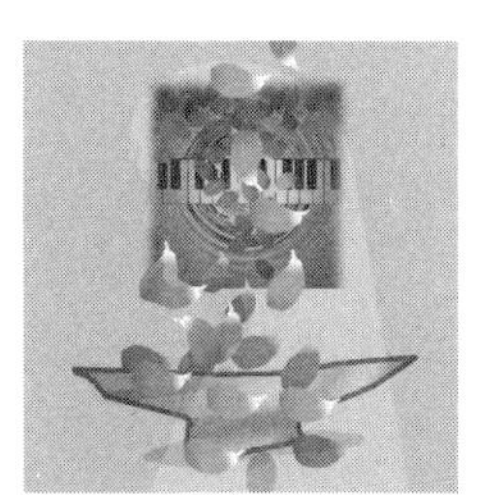

그리움이 되어

바람 한 자락도
사랑의 눈으로 보면
그리움이 됩니다.

그리움이 되어
가지 끝에 맺힌
외로움 흔들다가
끝내는
우우우 바람으로 웁니다.

사랑이여
나무 우는 사랑이여
바람이 어찌
그리움이 되었는가

그리움이 되어
나무로 서 있게 하는가

불꽃 사랑

심장에 불 지펴
풀무질로 달구어
그리움 부어 주조해낸
당신의 얼굴

그 얼굴에 피가 돌면
사랑도 함께 피가 될까
피가 되어 체온 나눌 수 있을까

무쇠 가슴도 피가 돌게 하는
피가 돌아
불꽃 심지로 타게 하는
불꽃 사랑아

사랑하는 당신과 함께

당신에게만 보여드리고 싶은
꽃이고 싶습니다.
당신 마음속에만 피어있는
단 한 송이
꽃이고 싶습니다.

미움도 그리움도 죄다 사랑이 되는
사랑할 수밖에 없는 한 송이 꽃
나는
그런 당신의 숙명이고 운명이고 싶습니다.

하나님께서
나를 당신에게 보내고
내게 당신을 보내주심은
허점을 돕기 위함입니다.

바람이 불면
꽃잎이 떨어질세라 가려주고
비가 오면 젖을 세라

우산으로 서 주시는 당신
꽃으로 가는 길
꽃으로 오는 길
그 길에 서리라
사랑하는 당신과 함께

사랑에 색깔이 있다면

사랑에 색깔이 있다면
무슨 색깔일까

무슨 색깔 있어
사랑을 칠할 수 있을까

의문과 의문도
사랑으로 칠하면 색이 될까

색이 되어 사랑으로 칠해질까

사랑의 힘

벗는다.
한 겹씩 옷을 벗는다.

옷만이 아니라
끝내는 벗을 수 있는
허울도 함께 벗는다.

벗은 후 드러내는
나신
당신의 사랑으로 짜지은
알몸 가리는
옷 한 벌

사랑은 약

사랑은
명약
동의보감 처방전으로도
아픔
슬픔에
눈물 한숨까지도 말끔히 치유해 주는
명약
더러 사랑도 불치에 병
잘못 쓰면
독약이 되지

뜨거운 사랑

당신은 북극
나는 남극
남극과 북극을 사이하고
지남철로 마주친다.

지남철로 마주치면
불꽃이 되어
북극 남극의 빙하
다 녹여
뜨거운 강물로 흐른다.

지남철 자장으로 만든 금사 줄로
칭칭 동여맨 가슴
동여매면 맬수록 뜨거워져서
저
먼 바다 끝까지 뜨겁게 달구는
뜨거운 사랑

그리움 · 2

그대는
시마다 때마다 어디서나
바늘과 실이 되어 그리움을
꾀 매고 있습니다.

그대 손잡으려 해도
품에 안기려 해도
그리움만 잉태하고
푸른 하늘만 청명합니다.

그리움은 무엇으로 만들었을까
붉은 꽃잎이 아니고
들풀로 만들었으면 좋겠습니다.

들풀이 바람에 일렁이면
그대가 몹시도 보고 싶은데
보고픈 가슴엔 무거운 짐 하나
돌처럼 매달립니다.

매달린 짐은
하늘은 못鐵이 되고
땅은 못鐵이 되어
가슴을 조여 옵니다.

조여진 가슴엔
퍼런 시린 칼날을 타는
꽃잎이
하나씩 잘려져 나갑니다.

제 3 부

세상은 고해에 뜬 꽃잎 인가

그 세월 앞에 하고

거울 앞에 선
당신은
아름다움 이었습니다.

그 아름다움 벗 하며
거울 앞에 서곤 했습니다.

지금은 저만큼
가버린 세월
그 세월 앞에 하고

당신과 나
얼굴에 지도를 그리고
마주 보고 서 있습니다.

여름날의 태양

헐떡이는 태양은
정오가 던진 정적의
낚싯줄에 걸려있다.

탑신에 밝힌 얼룩들이
치어처럼 얼룩을 털고
지느러미를 놀려 기어 나와서

낚인 태양을 입질하다
질급을 해 그늘로 숨는다.
저 무렵
해를 어깨에 둘러메고 가는
낚시꾼은 누군가
낯이 익다.

인생 길

꽃잎 뜯어
꽃길 만든 길이
하나

무지개로
다리 놓은 길이
하나 놓여 있다.

다가가면
물러서고
물러섰단 다시
다가오는
이마로 길을 내고
이마로 다가가는 길

꽃길 사이에 가시밭
험한 산 넘어 깊은 강
길이 끝나는
어디쯤 아득한 곳에

가 닿으면
무지개로 울타리 칠 수 있을까

세월이 찍고 간 발자국

어느 날
널 보는 순간 경악했다.
웬 낯선 늙은 얼굴 속에 나!
팬 골이 깊다.
세월이 찍고 간 발자국일까
아니면
천국으로 향하는 길일까
그도 아니면
심해心海에 다 풀지 못한 한恨
시든 꽃으로 피어났을까

시든 꽃 세월 앞에 서니
헐거운 통바지 속에 홀쭉한 모습은
하나님이 주신 인생 길
맛볼 수 있는 중년 노년도

정 하나 줄 수 있는 너 때문에
행복하고
빛 고운 천상
복숭아꽃 꽃 대궁이 곱다.

마지막 한 잎

저 마지막 잎 새 떨어지면
가을은
끝
끝에서 시작되는 계절
동장군 앞세우고 무혈 쿠데타
우리의 겨우살이는
점령군에 포위된 채
한 잎
잎 새

세월은 산을 넘어 갔을까

세월은
풀잎 사이로 길을 내어
계절을 밟고 갔을까
가지가지 사이로
길을 내어
산을 넘어 갔을까

세월 따라 함께 걷는
행려

나는 시방
이마로 길을 걸어 세월 쫓는
편려의 행려자다.

낙엽

오늘만은
바람이 스쳐 지나간 자리에
몸부림치는 고독의 편린片鱗
못내 남겨 두어야 하리

헤어진 옷자락에 매달려
우수를 털어버리지 못한 채
정처 없이 떠도는 바람의
정체를 알고나 있니

여명 잃고 풀어 헤친
바람의 허리
부여잡고 가는 너는
그를 사랑 했구나

너를 따라 가면
눈이 선한 사람이
머무는 곳 있을까
있어
나도 쉴 수 있을까

고목나무에 꽃이 피리라

미명이 미소 지을 때면
천천히 걸어 나오던 해太陽도
땅거미 질 때면
달음질 합니다.

인생의 새싹 키울 때면
세월은 서 있지만
지천명의 나이엔
매몰찬 무정한 얼굴로
바람보다 앞서갑니다.

세월이 두고 간 빈자리엔
내가 아닌 남이 서 있고
그 틈새에서 피어난 여린 꽃
주름진 얼굴의 비애의 비늘

기력 쇠하여 남은 것은 후회뿐
여윈 손 내미는 구겨진 육체
나신裸身의 고목 어디로 가나

세상 부귀영화 고운 꽃도
스치는 바람일 뿐

잡으려 하면 할수록 긴 기다림만 허공 맴돌다
고운 꽃잎 다 떨군 후에야 알았네
인생의 허무를
내 아들을 보내니 믿으라
믿으면
네 고목나무에 꽃이 피리라

가을은 빛의 언어

가을은
빛의 언어
무언의 언어다.

낙엽 하나가
가을이 되는 이치다.
낙엽 속에
가을이 들어 있는 이치도
이와 같음이다.

말하지 않고도 말하는
낙엽은
가을의 빛의 언어다.

가을의 혈서

말 없는 가을
무언의 빛의 언어로
오색 연풍 섬광의 물결 일렁이면
가을은 수줍은 듯 술 취한 듯
얼굴 붉히며 붉은 피 토혈하며
혈서를 씁니다.

'내 육신 불태워
당신을 사랑했기에
선혈로 남아 허락한 세월만큼
당신 앞에 붉은 나신으로 서 있으리다.'

목련화 피는 날에는

웃음도
울음도 아닌 것이
어찌하여
웃기고 울리고 하는지
내사 몰라라

사랑하면
웃음과 울음이
하나가 될까
하나 되어
목련처럼
두 얼굴을 할까

목련 피는 날엔
웃고 울고 하는
누군가의 봄앓이가

하얀 입술로 포개지는
가슴앓이 도진다.

낙엽이 질 때면 · 2

맑은 하늘에 새 틀 구름이 흘러가듯이
우리의 인생도 흘러 흘러 어느덧
지천명의 나이로 퇴색해 가는 옷자락
가을바람에 펄럭입니다.
펄럭이는 옷자락 사이로 홀로 선 들국화 향이
가슴 후비고 들어오면 꼬옥 눌러 두었던
그리움이 고개를 내놓습니다.

그리워도 보고 싶어도 가슴으로만
불러야 했던 그리운 이름
너의 살갑던 눈가에 서린 웃음이
붉은 피 토하는 낙엽 위로
자욱 자욱 떨어져 내립니다.

떨어지는 낙엽 속에 너의 모습이
푸른 하늘에 그리움으로 흩어질 때
우리가 함께 걸었던 오솔길에 머물던 바람
먼 길 떠나는 가을 이별이 서러운지

온종일 눈물 뿌리다

오열하는 낙엽 속에 얼굴을 묻었습니다.
이렇게 아름다운 것들도 한 순간에 가고
한 순간에 오는 것을 낙엽이 질 때야 알았습니다.
낙엽이 질 때면
먼 그림자에 쌓여 온 세월
그리움으로 채우고 또 채워도
비인 가슴에 휭 하니 구멍 뚫고
가을바람만 지나갑니다.
머 언 곳에 구름 한 점 유유한데

계룡산의 낙엽

사랑할 수 없었던 사람
지는 낙엽처럼
져버린 사랑
산자락 둘둘 몰아 묻고 싶었던
사념
따뜻한 손 저버리고
돌아서던 그 계룡산 자락에서
네 이름 문신처럼 새기고 있었어
낙엽에 새긴 문신보다
더 큰 문신
언제쯤 지울 수 있을까

겨울비

내 눈물을 먹고
촉촉이 젖은 하늘
이별을 고하고
돌아서는 어깨를
눈물로 젖힙니다.

젖은 어깨는
추락하는 사랑보다 더 깊은
신음소리로 바다 속 끝까지
내려앉아
얕은 곳으로 흐릅니다.
비가 된 임
만나고 싶지만
흐리는 강물은 돌이키질 않습니다.

태풍

작은 바람 한 점
가슴에서 잔잔히 일더니

한 먹은 큰바람
가슴 박차고

태평양 건너
태풍의 눈이 되었을까
되어
우주 호령하니
그 호령 누가 막으리오

작은 가슴에
그렇게 큰 포효咆哮 숨어 있었을까

시인은 늙지 않는다

시인은
푸른 하늘 품은 새 털 구름
비추이는 푸른 바다
휘청 그리는 사랑의 얼룩진 비애
저무는 천애의 가슴앓이
연인의 슬픔 꿈으로 피어나면
깊은 밤 비밀스런 동해의 일출
가슴으로 품다
태양의 눈이 된 시
고요한 달빛사이로
투명한 진주알처럼
알알이 뿌려지면
별들은 서둘러 금빛 날개를 접고
서리품은 바람일지라도
몸을 눕히고 시인이 된다.
시인은
바람 이는 곳 햇살 머문 자리에
한 떨기 꽃 피워내기에
시인은 결코 늙지 않는다.

죽음의 축제

비오는 홍천강의 밤
희미한 불빛 속에 열리는
환희의 축제

큰놈 작은놈
모두 꼬리에 꼬리 물고
현란한 몸짓으로 춤을 춘다.

불빛 사랑의 늪에
몸을 던지는 불나방 사랑
붉은 눈망울 밝힌
도시의 밤을 가르며
어둠을 여는 불의 축제

욕망의 노예 정욕으로 춤추며
불속으로 뛰어든
허망한 사랑의 몸짓
영혼 삼키는 어둠의 정적

슬픔을 빚은 빗방울

한사코 불나방의 날개 씻어도

불꽃으로 몸을 던져

불꽃이 된

불의 화신

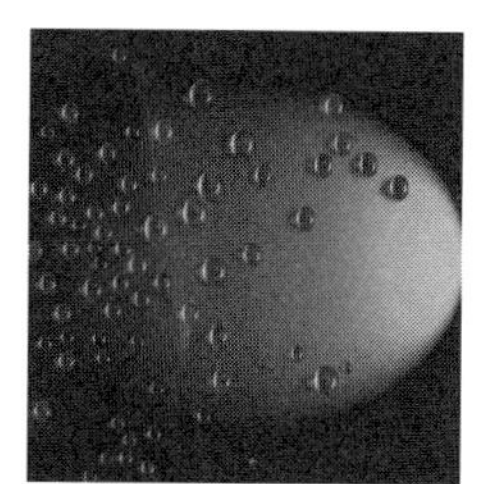

제 4 부

어머니의 품은 눈물로 만들었나

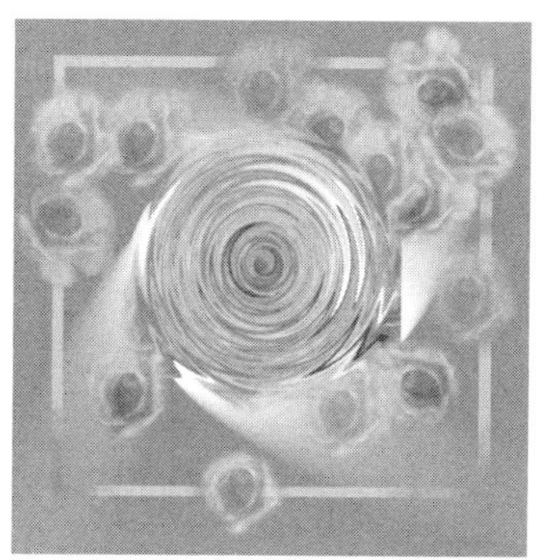

어머니

고된 마음
별빛으로 녹여내면
꿈으로 피어날까

꿈으로 피어
어둠 밝히는
별들의 언어가 될까

언어가 되어
가버린 이름으로 돌아올 수 있을까

별보다 멀고 아득한
그리움 하나

어머니

모정의 세월

힘든 마음 잠재울 때
달빛으로 녹아
마음 곁으로 다가오는 것 같다.

세월의 강 넘어
등이 굽어질 때
눈물은 어디로 흘러갔을까

내 세월만 있는 지 알아
감추어진 사랑 모르고
오래도록 잊고 살았다.

당신의 모습 어디에도 없기에
흩어진 미소 모아 보지만
떨어진 꽃잎 벽에 사진으로 걸려
세월의 배로 허공을 지난다.

거칠어진 피부
거북등 같아 아파 하지만

나는 지금 그 슬픔을 두려워하지 않는다.

정지된 시계추 아래

이름 하나 새겨 있다.

"어머니" 라고

진달래

사랑도 달이 차면
저리 붉게 터질 수 있을까

붉게 터져
가슴으로 표정 지을 수 있을까

겨우내 불씨 당기던
풀무질

풀무질로 일군 불씨
꽃잎으로 터졌다.

진달래 미소

춘삼월의 길목
싸늘한 바람 스칠 때
가냘프게 이지러진
슬픈 미소
가슴 가득 찬 그리움
몰래 토해 내고

슬픈 방랑자의 연인
차가운 커피 같은 임
잊지 못해
허공에 뿌려지는
이름 하나
애닮은 사랑
가슴에 품누나

코스모스

가을 보다 먼저 피었다가
이별 보다 먼저 갔다.

먼저 가기 위해
길가에 피었던 연유를
낙엽은 알지 못했다.

이별 앞에 하고
이별에 등 밀려 떠나야 했던
손짓들

어디로 돌아갔을까
귀천歸天
아니면
꽃끼리 모여 사는 화혼촌化魂村

코스모스는
그렇게 피었다
그렇게 졌다.

은행나무 · 2

은행나무는
계절의 울타리에 친
철책
철책들은
누런 녹물 뒤집어쓰고
계절을 지키고 있다.

울타리 안에는
이미
파발마 떼가 떠났는지
여기 저기 말발굽이 찍혀 있고
울타리 밖으론
마차 한대가 뒤뚱이며
가을을 싣고 간다.

목련화

네가 우는 것을
결코 보지 못했다.
천사의 얼굴이 그러하듯
네가 웃는 것도
결코 보지 못했다.

울고 웃고 가 하나인
목련

이별 없이
슬픔 없듯이
슬픔 없이
사랑이 피던가

목련화 그늘에서
신열이듯
사랑이듯
봄 몸살을 앓는다.

개나리

이른 봄날을
울타리로 엮어 가둔
노랑나비의 윤무輪舞는
현기증이다.

가지마다 입덧이 난 듯
봄 갈아 먹는다.

봄을 갈아 먹고
포식한 나비 떼는
끝내
봄을 배신한 채
황홀한 춤사위, 날개를 편다.

산수유

어느 깊은
산골짝에서 왔기에

화장은 고사하고
누렇게 황달이 뜬 걸 보면
보릿고개 겪으며
배곯이 했나보다.

허나
배보다 더 고픈 건
사랑의 시장기

백운 산

여름 피해 왔다가
여름 보내고 돌아선다.

푸른 숲
맑은 물에는 여름이 없었다.

여름만이 아니었다.
가며오며 들렸다 쉬어가는
산은 간이역

사랑의 조건

벌과 꽃처럼
찔린 아픔과
아픔으로 우는
그런 사랑이고 싶다.

고통도 사랑으로 나누면
아름다운 것
아름다운 것이 어찌하여
슬픔이 되는지를
사랑은 말해준다.

모든 허물을 덮어주는
덮어 사랑으로 감싸주는
보자기

보자기 속엔
사랑의 밀어들이
술이
익듯이
발효되고 있다.

가을 여인

가슴엔 항시
이별을 품고 산다.
품고 살면서
잎 새로 떠나보내는
여심
가을은
보내고 떠나는
여인의 계절이다.

부부

서로
외발로 걷다가
만나 짝 이루어 함께 동행 하는
반려

산을 만나면
끌고 밀고 당겨 영을 넘고
강을 만나면
젓고 삿대질로 파도를 건너는
한쪽으로 이미 존재할 수 없는
불이不二
꽃피는 날에
꽃으로 웃고
비오는 날엔
우산이 되어 가려 주고
가을엔 나란히 걷는
낙엽 길
눈 오는 날엔 품고
따듯한 가슴이 되어주는

그리운 체온 나누는

부부

아름다운 사람은

아름다운 사람이
왔다간 자리는
은은한 향기가 납니다.

같이 있어도 없는 것 같이
없는 것 같아도 넓은 바다 같은 무언으로
품어주는 도우미가 되는 사람입니다.

미운 사람을 기도와 무언으로
오래 기다리고 참고 바라고
믿어주는 사람입니다.

언덕에서 폭풍을 만나면
왜 폭풍을 만났는지 깊이 생각하고
자신을 돌아보아 잘못된 자아를
고치는 사람입니다.

타인의 개성을 존중히 여기며
이해하고 용서하는 사람입니다.

청송의 봄

청송 아득한 하늘 아래
파란 봄 가득한 꽃향기
사랑의 햇살로 웃음 짓고

피다 만 꽃봉오리들이
그 하늘 그 들판을
심령으로 달리는데

널 만나러 갈 수 없어
가슴까지 막아놓은 쇠창살
숨통을 죄어 온다.

사랑하는 내 부모형제
날 잊었느냐고
날 버렸느냐고
얼룩져 구겨진 마음 밭에
너 다시 찾아오니
어찌할까
안개 속에 희미한 그림자

들여다보면 후회뿐
불러 봐도 대답 없는
당신만이 나의 꿈

마음만 갈 수밖에 없었던
이 덫에서 풀려날 때
당신 앞에 엎드려
당신의 길이 되리다.

운현궁

칼바람 피바람
백의민족 지키려는 비명인가
궁녀들의 헛웃음
잡으려는 몸부림인가

자부 간 깊은 상처 얼룩진 피멍
연산홍 웃음보다 더 붉다.

역사의 점 하나 찍기 전에
헛기침 허공에 묻고
사금파리 민심
고려청자로 빚었더라면

저 라일락 향기
구중궁궐 숨은 기밀
수줍은 미소에 담아
운현궁 담 넘는다.

행복이란

눈먼 바람처럼
갑자기 왔다가
찰나의 뇌성처럼
흔적도 없이 사라지는
신기루

잡으려 하면 절대 잡히지 않고
촛농처럼 녹을 때만 밝혀지는
불빛

찾으려 하면 절대 찾을 수 없고
욕심을 버릴 때 갸우뚱 웃어주는
얼굴

제 5 부

가슴에 눈금은 무엇으로 읽나

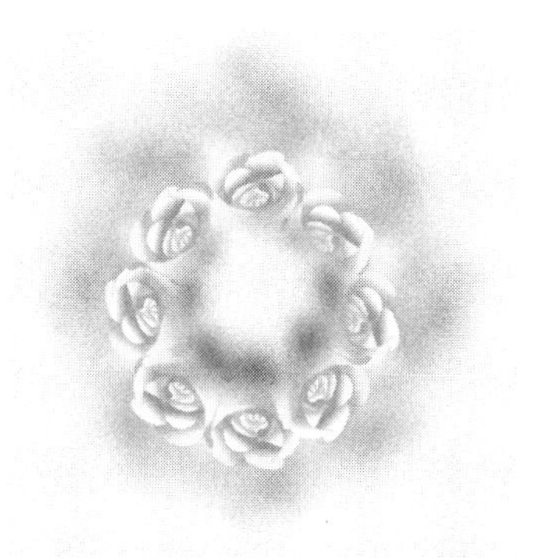

가슴의 눈금 읽기

짧은 만남
긴 이별

긴 만남
짧은 이별

사랑이란
길고 짧음으로 척도 되는
가슴의
눈금 읽기인 것을…

가슴이 개벽하면

가슴으로 키우던
정녕 그대 숨결
그대 체온
오늘은 바람으로 돌아와
내 뜰을 서성인다.

바람이 불적마다
꽃은 피었다 지고
졌다 다시 피는
개벽開闢
천지개벽하면
어떤 꽃이 피다질까

너는 그랬으면 좋겠어

언제나 만날 수 있게
길섶에 핀
민들레였으면 좋겠어.

너는 강물에 뜬 배가 되고
나는 푸른 하늘의 새가 되어
언제고 만날 수 있었으면 좋겠어.

너와 나 사이
가슴에서 가슴으로 건네는
무지개 띄우고
건너갔다 건너오는 그런
사랑이었으면 좋겠어.

진정 아름다운 사람은

아름다운 사람은
사랑을 그 중 소중히 아는
실은 바보다.

바보이면 서 바보인 줄 모르는
모르면서
그 중 하나님 말씀을 잘 안다.

그의 전매특허품은
오직 사랑
그것으로 평생을 먹고사는
바보 중의 바보다.

도시의 무쇠 달

쳐다보는 이 없으니
굽어본들 무슨 소용이랴

혹여 외로움이 있어
벗하고자 빌딩 꼭대기에 걸어두면
그 뿐
잠시 눈 흘겨보다가 가버리고
이미
형광등 불빛에 길들여진
시력
우연일 뿐 달은 지상의
존재 밖에 있다.

무쇠로 굳어버린
가슴으로는
달의 차가운 감촉의
쇠 석 조각일 뿐이다.

잠진도의 이별

잠진도
다리 난간에서 손을 흔들었다.

이별은 배에 실려 갔고
슬픔은 갈매기가 물어 갔다.
내 마음은
파도에 핀 흰 꽃에 던졌다.

떠나기 싫다고 몸부림이라도 치듯
뱃고동 소리
꼬리가 길었다.

일출 · 2

이른 미명의 어둠을 열고
황금 비둘기 떼가
일제히 부채 살을 펴며
날아간다.

어둠을 벗어던진 산의 이마에
피가 돌고
비늘을 벗겨내는 산그늘이
푸르게 빛난다.

그리움의 태종대

핏빛 동백꽃 활짝 피었더라면
그 향기에 취해
내 손 잡아 주었을까

잡아준 손으로 건네는
체온
포말로 파도 일으키면
그 품속에 꼬옥 품어 주었을까

가버린 날 저쪽
손잡아주지 못하고
품어주지 못했던
너
수평선 갈매기 날개
한 겹씩 떨어져
태종대 푸른 바위를
속절없이 때리다
부서져서 물거품처럼
멀리 떠나간

너

이제야 보고 싶다.

태종대 동백이 핏빛으로

빨갛게

화장을 할 때면

만날 수 있을까

기차는 슬픔을 싣고 떠났다

9시 반에
기차는 떠났다.
떠나는 기차에
그리움도 실어 보냈다.
실어 보낸 그리움이
밧줄을 풀어
가슴을 칭칭 동여매고
끌고 갔다.

가슴과 몸이 이분화 된
이별의 아픔이
가슴의 통로에서 빠져나가
나는 오열嗚咽한다.
기적소리보다 더
슬프게
기차는 슬픔을 싣고 흑암에 몸을 숨긴 채
꼬리에 그리움 위태롭게 매달려 있다.

뒷모습

뒷모습을 보이는 것도
뒷모습을 바라보는 것도
그것이 이별인 한
보여서도 보아서도 안 된다.

어느 시인은
뒷모습의 아름다움을
노래했지만

진정 멍든 이별도
아름다운가

아픔 없이는
보내지도
보일 수도 없는
뒷모습

인사동엔 비만 내리고

밤에만 피는 꽃등
인사동 네온이 불을 밝히면
검은 치마를 두른 어둠이
황급히 도망친 빈자리엔
호소하듯 흐느끼는 빗방울 타고
속삭여 오는 임의 목소리

젖은 빗물 때문일까
비에 젖은 그리움 때문일까
망설이며 돌아가지 못하는
인사동 네거리엔
하염없이 비가 내리는데

저만큼 가로등 그림자에
그림자 지우며
발자국 없이 가는
임의 환영幻影

비

수직 하강
수평 이동
비는 그렇게 내리고
흘러갔다.

흐르다가 몸 섞어
하나가 되는
따로 따로 왔다가
하나로 돌아가는 비

불이不二의 생리
우리도
불이不二

두 얼굴의 꽃

미소 뒤에 감춘
감춰 독으로 피워내는
그런 꽃이 있다.

감춤 없이 드러내는
미소 자체가 꽃인
그런 꽃도 있다.

그대나 나는
어느 쪽의 꽃으로
피어 있는가

피어 독으로 웃는가
미소로 꽃이 피는가

우리들은 이쪽저쪽
그 어느 쪽에
꽃으로 피고 진다.

마음

요즘 사람들의 가슴은
무쇠 가슴이다.

무쇠 가슴으로 친 울타리에 갇힌
마음은
숨 쉬고 있을까
숨을 죽이고 있을까

사랑만이 거둘 수 있고
뽑아낼 수 있는
무쇠로 박은 울타리

그런 사랑
하나님은 아실까
그대 가슴과
내 가슴에 타는 불꽃
불에 달궈 뽑아낼 수 있는
무쇠 가슴
사랑은 두 가슴으로 경영하는
마음 가꾸기다.

인생의 밤

빨간 망토로 얼굴 가리고
피의 이빨도 감춘 채
드라큘라가
회색 어둠의 동굴로 들어선다.

오늘 밤엔 또
몇이나 피를 흘리며 죽어 갈까
얼마나 많은 꿈들이
아침과 함께 사산死産할까

밤은 사산의 산실

노숙자

눈 내리지 않는 데
가슴은 은보다 더 희다.

흰 가슴에
한 잔의 술로라도 데우고 싶은
그리움
그것은 따듯한 체온이다.

체온을 잊어버리고 산 지
이미 오래다.
가슴이 하이얀 것은
그 때문이다.

가슴을 빨갛게 칠할 수 있는 것은
인정
그러나 그 어디에도 인정은
없다.

인정을 구걸하는

노숙자의 고백 속엔
슬픈 구걸의 아픔이
하얀 가슴에 대못으로
박혀 있다.

나는 광부

죽음의
밤보다 더 검은 내 둥지
검은 구렁이들이
어슬렁 그리며 기어가는
땅굴 속엔 별이 웃고 있었다.

어둠 헤친 별 하나 별둘
이마로 떠서 가슴으로 지면
별 속에서 아내가 웃고
별똥에선 아이가 웁니다.
깊은 땅굴 어둠에 도사린
사신死神의 날카로운 눈
도끼날처럼 뻔적이며
살생殺生 자者를 찾고 있어도
아내가 웃으면
아이가 울면
눈물 속에 얼룩진 땀방울도
강물보다 더 파랗게 멍든 가슴도
물들어 갑니다.
보랏빛 라일락 향기로

유월의 비

수직으로 낙하해
수평으로 흐르는 너
북침으로 내려와
6.25의 피로 흐른다.

하염없이 흐르는 비애
과연 누구의 눈물일까
혹여 모르지
천상의 아버지의 눈물일지도

제 6 부

외로움이 밟고 간 갈대밭

지워지지 않는 이름

모락모락 피어오르는
커피 잔에 어리는
얼굴 하나

차마
마실 수 없어
지켜 보다 식어버린
커피

커피 잔속에는
지워지지 않는 이름이
갈아 앉아 있었다.

돌아올 수 있을까

짧은 삶
긴 그리움
토막 사랑
오랜 기다림

부르면 가까우면서
먼 메아리로 떠도는
아픈 메아리

그리움과 기다림과 아픔으로
가슴 하면
길고 오래고 먼 가슴 옛 것들
다시
돌아올 수 있을까
돌아와 사랑으로 하나 될 수 있을까

별을 볼 수 없는 날에는

문득
별이 보고 싶어 하늘을 보니
하늘엔 희색 양떼들 귀천중이다.

귀천하는 양떼 속에서
별 하나 울고 있다.

우는 별 보다
더 아픈 건 너의 마음 일까
아니면
내 마음 일까

구름 속에 숨어 우는 너
오늘은 너를 볼 수 없을 것 같아
눈물이 난다.

혹여
눈물이 은하수에 닿으면
그 길로 네가 오지 않을까

와서

내 눈물 닦아주지 않을까

눈물방울 속에

슬픈 미소 묻어 있다.

억새의 이름표

얼마나 억새였으면
이름이 억새일까

하기사
시린 칼날 갈아
넘어오는 바람의 목
죄다 베어 버리는 걸 보면
억새다 못해
억 억 새지

억 억 다음은 무엇일까
조 지
조는 조早와도 통하니
저리 빨리 늙어
머리가 하얗지

외로움이 밟고 간 갈대밭

저 흐르는 강물이
다시 돌아올 수 없듯이
우리의 사랑도 저러듯 흘러만 가고
있을까

흘러 흘러 어디쯤에서
다시 만날 수 있을까

강가에 홀로선
새 한 마리
상념이 깊다.
그도 나와 같이 그리움으로
날개를 씻고 있을까

다시 돌아올 수 없는 강가
언제 피었는지
누런 갈대꽃
바람이 오기 전에
몸을 누이고 운다.

저

갈대꽃이 지면

우리 님 만날 수 있을까

만나

외로움이 밟고 간 갈대밭을

우리도 밟을 수 있을까

별이 보고 싶은 날

별이 보고 싶은 날엔
외로움이 별보다 더
많이 떴다.

많이 떠서
손톱을 세우고
가슴을 후벼 갉아 댄다.

아픈 가슴에 흉벽엔
그대 흉상이 새겨져 있다.

별이 보고 싶은 날엔
외로움을 둘러쓴 흉상이
웃고 있다.

사랑을 슬픔이 안고

서걱 대는 낙엽들이
몸부림치며 거리를 배회하고
상념에 젖은 햇살이 고개 들어
바람을 베고 있는 외로움을 보았다.

사랑을 슬픔이 안고 가다가
상흔들로 들썩이는 멍든 바다에
지친 몸을 누이는 것을 보았다.

뜨거워서 외로운 나
차가워서 고독한 너
낡은 삽화 위 눈물로 걷는 사람아
사랑은 행복해서 좋고
이별은 가슴 저미는 통증 있어 좋더라
사랑만이 줄 수 있는 기쁨과 슬픔
아마도 한 형제 인가 보다.

세월이 흐른 후에는
이별의

멍울진 그리움에 맺힌 절규도

사랑인 가녀린 꽃잎 이었더라

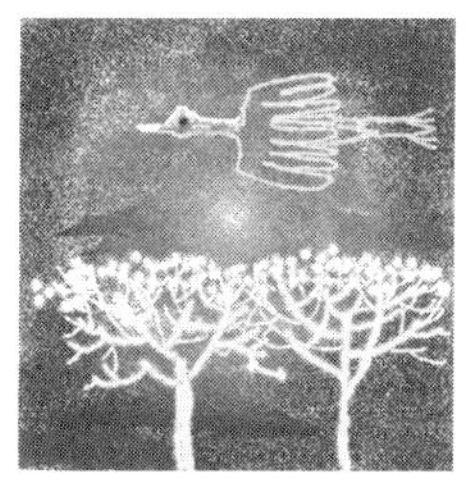

명성산 억새

억새로
산도 하얗게 늙었다.
늙은 이마 저쪽으로
비켜선 하늘

하늘바라기 천년
늙은 세월을 이고

산도 억새도 하얗게
늙어 있다.

푸른 비

푸른 하늘에서
물들었을까
아니면
수파와 몸 섞다
물들었을까

그도 아니면
퍼렇게 멍든 누군가의
가슴에서
물들었을까

슬픈 웃음

뜨거운 가슴 주체 못해
그리움의 강물로 풀어놓고

차가운 가슴 견디다 못해
그리워하는 모닥불로
지펴놓고

몰래 가슴으로 키워온
사랑 꺼내 놓고
지어 보는 슬픈 웃음

바람과 구름

바람과 구름은
항시
앞서거니 뒤서기니
경주를 한다.

바람이 갈기 세워
앞서 가면
구름도 백마 떼를 몰아
추월한다.
구름이 앞서면
바람도 도포자락 펄럭이며
축지법을 써서 산을 넘는다.

한가한 날엔
바람이 구름을 타기도 하고
구름이 바람을 타기도 하며
함께 노닌다.

그러다 어디서 만나

손잡고 통곡을 한다.
울음도 우렁찬
뇌성벽력雷聲霹靂 쳐도
곧
바람이 고운 무지개 옷 입고
구름 따라 웃는다.

우리네 인간도
바람이고 구름이고
싶다.

외로운 강가에서

그리운 날엔
강가에 서 본다.
님이 보고 싶은 날에도
강가에 서 본다.

선 채로 갈대가 되어
손을 흔드는 이별

당신의 강인 저쪽을
나는 이쪽을 걷는
피안被岸의 사람 바라기

노가 있어도 저어 오지
못하는
저어 거서도 안 되는
강
이쪽과 저쪽을 걷는
피안 인

그리운 날엔

님이 그리운 날엔

강가에 서서

갈대가 되어본다.

망각의 무덤 속에

푸른 하늘과
땅 사이에
사무치는 그리움이
이제
시든 들풀의 향기로
먼 하늘을 망각하고 있다.

망각의 무덤 속에
너를 묻고 돌아서는 길엔
서리꽃보다 더 시린
여린 꽃잎이 어둠 헤치며
아무도 몰래
지고 있었다.

부서진 이름 하나

부서진 이름 하나
비에 젖는다.

이름으론 부를 수 없는
얼굴 하나도 함께 젖는다.

지워 버릴 수도
돌아서 버릴 수도 없는
함께 젖어 울음 되는
이름 하나

끝내
성한 이름으로 되돌릴 수도
되돌려 불러 볼 수도 없는
산산이 부서진
이름 하나

산산이 부서진 이름 하나

하늘은
회색 천으로
얼굴 가리우고 돌아보지 않습니다.

푸른 잎 새 끝에
인고의 기다림이
한 방울씩 눈물로 흐릅니다.

흐르는 눈물 속에
스며드는 빗방울 하나하나
보고 싶은 둥근 당신 얼굴
미처 씻지 못한 연민
상념의 노예로 남아
방울방울 맺혀서 비애로 흐릅니다.

비애는
하얀 기다림으로 한 방울씩
빗속을 거닐고
그 빗속을 산산이 부서진 이름 하나

목쉰 울음으로 부서져 내립니다.

부서져 내리는 추억의 허상들이
얽긴 가슴 수많은 시간 속에 여백으로
그리움 태풍처럼 밀려오는데 세월은
주룩 주룩 수면을 헤엄치고 있습니다.

다 잊으렵니다

오래 전에 꾼 꿈같이
다 잊으렵니다.

꿈속에 환희의 불꽃
산화 못한 투명한 아픔
미처 사르지 못한 연정
다 잊으렵니다.

세월의 강가에 꽃잎 하나 떨구었다고
지나가는 바람에 낙엽 한 잎 떨구었다고
그 누가 아파하리오

낙화한 시든 꽃잎
낙엽의 슬픈 노래
무언의 상념
여명 밝히니
바람을 잊듯이
꿈을 잊듯이
다 잊으렵니다.

낙엽 · 2

내가 떠나고자 함이 아니오
그대가 가라하시면 가오리다.

길을 가다가 허름한 초가이던
허허 벌판 공동 묘지던
그대가 서라 하시면 그렇게 하리다.

가고 또 가면
어디쯤인가
그대와 나 쉴 곳 있을까

바람 그리고 나무

애무라고
껴안으며 수작하지 마
가지마다 매질하는 아픈
채찍이 돼

흔들지 말라고
아무리 흔들고 끌어 당겨도
한 발짝도 뗄 수 없는
중심에 서 있어

그 중심 기둥하고
사는 삶
아무리 흔들고 애무해도
바람으로는
쓰러뜨릴 수 없거든

허황된 바람은 바람일 뿐
날선 톱으로 베기 전에는
쓰러뜨릴 수 없듯이

나의 나무

진실의 톱으로 베기 전에는

제 7 부

꽃으로 불리 울 당신

꽃으로 불리 울 당신

내가 슬프고 외로울 때
마음 시리도록 아플 때
당신은 내게로 와서
향기로운
꽃이 되었습니다.

피운 꽃 시들어 아파 할까봐
조바심에 긴 밤새운 것은
당신이 내 뜰 안에
꽃이 되었기 때문입니다.

꽃으로 피어있는 행복이란 말은
꽃말에는 없습니다.
꽃말에는 없어도
꽃으로 불리 울 당신

아픔 없이는

아픔 없이 슬픔 있을까
슬픔 없이 기쁨이 있을까
절망 없는 희망
사랑 없이 이별 있을까

잉태 없는 산고 없듯이
아픔 없이는 사랑 태어날 수 없습니다.

거미가 육신을 아낌없이 자식에게
내어 주듯이
자신을
온전히 내어 주는 것이 사랑
그래서
사랑한다는 말
아프다.

함께 있고 싶은 사람

그대를 만나던 날
느낌이 참 좋았습니다.
아기 같은 순박하고 선한 눈빛
한란寒蘭처럼 곧고 푸른 맘
거짓이 없어 보였습니다.

모습은 온유하고 기품 있게 아름다웠고
꼬옥 안아주고 싶고 뭐 던지 주고 싶은
한없는 겸손과 따뜻한 눈빛에
나의 존재는 높이 상승하여
무한 공간 비상하는 새처럼 자유로웠고
한없는 기쁨으로 충만하였습니다.

그대는 마음에 무엇인가 이름 할 수 없는
매우 큰 것을 선물하셨습니다.
그것은 아마도 사랑의 배려와
다른 사람을 섬기는 희생이었습니다.
그대와 늘 함께 있고 싶습니다.

임에게 드리는 노래

이슬 젖은 별들이
이별 고하는 새벽부터
다시 만나는 밤의 회랑
은하수로 강을 이룰 때까지

당신의 수고는 울타리
따뜻한 둥지 만들고
치열한 경쟁의 전쟁터
무거운 시름 짊어지어도
가슴 막힌
당신의 신음 들어 본 적이 없습니다.

찬바람 폭풍이 몰아치면
홀로 지쳐도
말없이 조용한 미소속의 애잔함이여!
남자의 지킬 자존심
가장이기에 지어야 할 짐
하늘을 지는 것처럼 마음 짓눌러도
그 길을 묵묵히 걸어가는 임

청송처럼 굳건한 당당함에
고개 숙여 내 사랑위해 노래하렵니다.

임이시여
당신의 지팡이와 손수건 되어
지친 당신 이마의 땀방울
핏방울처럼 내 가슴에 닿을 때
백 진주처럼 아롱지는 눈물
그대 가슴에 묻겠소.

파아란 하늘 언저리 구름 같은
한 조각 꿈이라도 당신과 함께라면
그 길 기쁜 얼굴로 가겠소.
나사는 날 동안 그대 위해서라면
고운 보자기속에 보석 같은 마음
그대에게 덮어 그대 발 씻기리라

마주 선 사랑

가슴과 가슴 사이
칭칭 감아 동여맨
코일

감전 없어도
자장으로 일으키는
자력
끌고 당기는 힘은
코일 때문일까
코일을 타고 흐르는
전류 때문일까

당신과 나는
가슴이 살아있는
마주한 전신주

전신주 저쪽으로
사랑으로 물던
노을이 걸려있다.

당신은 도자기

당신은 도자기
귀한
고려청자

고려청자는
사랑의 눈길로
품어주지 않으면
깨집니다.

깨진 후에는
한낮 사금파리로
심장에 상처를 낼 뿐

깨지기 전에
고려청자
토기로 명하지 않기를

어느 방랑자의 연인

내 안의 강 하나
당신 앞에서면 멎어버린다.

내 안에 품은 정 하나
당신 앞에서면 흉상으로 걸린다.

내 안의 미소 하나
당신 앞에서면 눈물로 흐른다.

멀리 있으면
강물로 흐르는 그리움도
그리움으로 웃는 미소도
가까이에 서면
굳어버리는 당신

어찌해서 당신은
멀리 있어야 하나
멀리 있어야
그리움이 되고

미소가 되고

사랑이 되는 걸까

사랑의 기쁨

불꽃의 승화
혹은 승화된 불꽃

사랑은 그렇게 태운 가슴이고
가슴을 태우면 그렇게
사랑의 함수가 시작된다.

언제나 불꽃이고 싶어
불꽃으로 달군 사랑은
어질어질 현기증 같은
사랑의 환희다.

눈이 오면

오늘은 함박눈이
하늘 가득해 그대가 더욱 보고 싶습니다.
그대 모습 닮은 하얀 웃음
송이송이 눈꽃으로 나립니다.

하얀 눈꽃은
그대 향한 그리움으로
켜켜로 젖은 가슴에 쌓여갑니다.

가슴에 쌓인 눈길에
그대 발자국 찍으며
가고 싶은 곳이 있습니다.

여름에 두고 온 겨울 바다로
그대 숨결로 곱게 핀
펄펄 휘날리는 눈을 맞으며

당신의 따뜻한 가슴의 온기로
차가운 얼굴 녹이고

나란히 발자국 찍으며
걷고 싶습니다.

그대의 따뜻한 손에
내 체온을 건네며
흰 톱날처럼 휘어진 백사장
사랑의 발자국에 밀어로 채워서
포개진 그림자 하나
남기고 오렵니다.

가슴앓이

짓은 노을에 걸려 넘어진
그림자 잡으려 해도
잡을 수 없듯이
뒤돌아선 임 잡으려
몸부림 쳐봐도
그물에 물 빠져 나가듯
막을 수 없습니다.

세월의 강 넘고 넘어
영원불변 인으로 찍혀 있는
지울 수 없는 사랑의 보루

보고 싶어 애원하고 통곡하며 불러도
대답 없는 임
오늘도 뎁힌 가슴앓이로 아파하며
사랑은 웁니다.
보고 싶다고

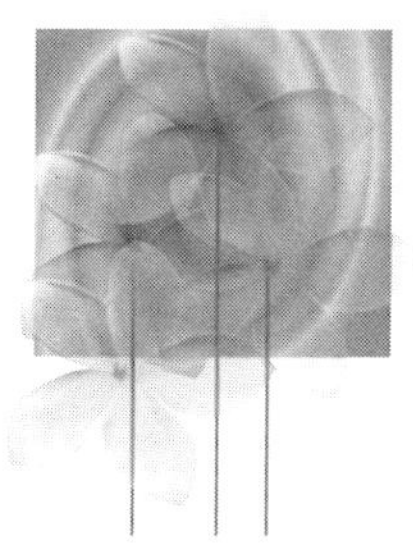

이 시는 실화를 토대로 지었습니다.

어떤 여인이 신혼여행에서

교통사고로 전신마비로

남편은 다른 사람과 결혼해서

떠나보내고 그 임이 보고 싶어

날마다 벌써 10년째 통곡하는 것을 보고

지은 시입니다.

그리운 바다

먼 수평선
한 점 구름 걸려 있다.

파도가 따라 가는
만선의 쪽배 하나
해수를 저어간다.

나선형 날개 짓 속에
동그란 얼굴하나 걸려 있다.

바다 보다
그 얼굴이 늘 그리웠다.

함께 흐르고 싶다

당신과 나는
강과 강으로 만나
이룬 하나의 강

당신의 손엔 노가
내 손엔 삿대가 들려 있어
격랑도
노도도
마다 않는
당신과 나는 뱃사공

어찌 사공이
바다를 마다하랴
그것이
세상이 말하는
고해苦海 일지라도

남자의 눈물

하늘 보다 더 무거울까
남자의 눈물
땅 보다 더 넓을까
남자의 가슴
남자는 눈물이 없는 줄 알았다.

남자의 맘은 무쇠로 만든
강철인 줄 알았다.
아니다.
남자의 맘은
깊은 바위 속에 숨은 물처럼
여리고 연약하다는 걸
어느 날
남자의 통곡을 들었을 때
알았다.

남자는
사자의 눈물처럼
속으로는 울부짖는다.

밤이슬처럼 운다.
아니면
한 잔술에 헛웃음으로
울음을 대신 한다.

남자의 눈물 누가 만들었을까
여인일까
사랑일까
아니면
세상일까

붉은 장미

나는
가시 많은 장미
바람도
나비도 피해가지만
피고 터지는
가슴이고 입술은
내 사랑
그대

하얀 속살 마구 찔러
붉은 피 토해도
핏빛처럼 진한
사랑이고 싶다.

겨울 바다

겨울 바다가 그리워지는 날은
그 사람이 그리워서가 아니다.
가슴까지 차올라 토하고 싶은
아픈 추억을
찬 바닷물로 씻어
싸늘하게 식은 님의 마음을 닮은
겨울 바다에 누운 바람에
실려 보내려 함이라

만선의 배 한척
포구로 돌아오는데
버린 님의 아픈 사랑
어찌
뱃고동 꼬리에 매달려오는가

기다림

비인 길가 나신裸身의 나무들
두 팔 사이 냉기 스며들면
몸을 떠는 아픔이 그리움 풀어
누구를 그리 사무치게 기다리는 것일까

칼바람 저만치 홀로선 낙엽을
잠시 끌어안았다 무심히 떠난 자리엔
앙상한 가지 파란 하늘 휘저어
구름 점점이 띄워 보내고
떠나간 구름 속에 고운 임 얼굴가리고
시린 웃음 하나씩 떨구고 있구나

시린 웃음 앞서 간 세월의 허상에서
사랑했든 추억 나도 몰래 끄집어내어
가냘픈 날개로 비상하려 하지만
날개는 기다림에 지쳐 부상하지 못한 채
깊은 신음 하나씩 잠재우고 있다.
재우려 하지만 불면으로 서성이는 그리움
그 임도 알고나 있을까

진정 모른다 해도 마음에 품은 당신
저미는 그리움 이별의 치유할 수 없는 상처
해산의 산통처럼 아픈 것을 알기에
내 모습 이대로
당신을 기다리렵니다.

꿈을 잊듯이 바람이 지나간 자리처럼
까마게 잊어 흔적조차 없어도
당신의 언약 안고
당신이 오실 그 날까지 기다리렵니다.

설령 오지 않는다 해도
그 자리에 망부석이 되어
당신의 그림자로 서 있으렵니다.

가장 행복한 날

오늘은
유난히 당신이 생각납니다.
푸른 하늘에
당신의 웃음이 구름타고 사라져 갑니다.

정원 나뭇가지에
그리움 하나 걸려 있고

창가에
스치는 바람에
당신의 음성이 작은 새의
노래로 가슴을 적셔옵니다.

길가다 스치는
인연들이
당신 모습으로 비칠 때면
수줍은 듯 미소 지어봅니다.

친구와의 수다 속에

내밀한 언약으로 숨죽이고
모든 일상에 숨어

날 오라 부르는 음성에
한 달음에 달려갑니다.

세상에서 가장 행복한 날은
임을 만나려가는 길가에

풀잎 한 잎이라도 아름답고
온 세상 가득 핑크 장미뿐

마음은 바람 타고 님에게로
두둥실 날아가는 날입니다.

벗이여

그리워한다 말은 안 해도
그리운 벗이여
사랑 뒤의 묵언
보고 싶은 벗이여

때로 세월을 피해
나뭇가지 흔드는 바람처럼
허허로이 그대와 함께
먼 곳으로 떠나고 싶다.

질긴 운명의 연緣,
투명한 밧줄로
소리 없이 묶었는지
가는 것은 마음 뿐

유년시절이 어제인 듯한데
어쩌자고 슬픈 풍경화,
얼굴에 지도를 그리고

거부할 수 없는 인고의 세월
아, 주름살 깊이만큼이나
그리도 많이 걸린 시간의 비늘

황금보다 더 귀중한 우정이
지도 하나씩 지워내어
지우개가 될 삶의 동반자

가슴의 눈금 읽기와 생명적 기호

- 강은혜의 『하얀 그리움에 물든 꽃잎』의 시학

엄창섭(관동대 교수, 한국시문학회 회장)

1. 자의적 은폐와 감성의 시학

책은 간접체험을 통해 새로운 지적세계로 진입하는 통로이다. 미적주권의 확립인 시집의 경우, 감동을 회복시켜 주기에 데리다의 지론처럼 책의 바깥은 없다. 지극히 생명적인 것을 재현하는 시인의 정신적 집합인 시집을 읽는 행위는 모름지기 불꽃같은 열정과 홀로 있기라는 사유思惟와의 해후에 해당한다. 열정을 태우는 주체와 타는 대상의 차별성을 무화시키며 융합하고 상승하는 저력을 지닌 예감의 시인은, 곧 망각한 불의 꿈을 다시 지피는 위대함을 지닌 존재이다.

이와 같이 필자와 무관하지 아니한 한겨레문학회 기획실장으로 『한맥문학』 출신인 강은혜 시인이 의미공간을 설정하여 혼돈混沌을 털어버리기 위해 정신적 생산물을 감성의 시학으로 확장하여 우리에게 영혼의 안식을 충격적 감동으로 안겨주려는 소박한 기대감은, 냉혹한 시대적 상황에서 절제된 언어로 제작한 생명외경의 엄숙함이기에 〈가슴의 눈금 읽기와 생명적 기호〉로 해명된다.

자의적 은폐를 감성의 시학으로 표출하기 위한 그의 회의와 변명은, 서정의 미감으로 빛나는 자연, 영혼 회귀의 본원(천상)인 사랑으로 그 틀을 일정하게 유지하며 나름대로 정직한 시인의 현실인식과 차별화된 시정신의 접목과 해명은 시적 의미와 그 대상을 변형 · 확장하는 역동성을 수용하고 있어 다행스럽게도 비정한 모순과 갈등구도로부터의 이행을 추스르는 통로가 된다. 바로 이 같은 정황은 이 시대의 충직한 독자들에게 삶의 일상에서 반복되어지는 애증, 갈등과 화해 등의 잇닿은 시간대의 사회현상을 예술적 질감으로 정제된 정신작업이기에 『하얀 그리움에 물든 꽃잎』은 보다 시적 매력을 지니기에 충분하다.

특히 비열한 이기주의로 치닫는 지식 · 정보화 시대에 몸담고 있는 우리가 초조와 불안의식에 이끌려 암울한 절망의 늪에서 살아가고 있는 것은, 어딘가 공허하고 선명하지 못한 부분들이 내면의식의 심부深部에 그 실체를 숨기고 있기 때문이다. 그러나 다분히 예언자적인 강은혜 시인에게 있어 견고한 고정 체를 언어로 빚어내는 고뇌의 시작업은 행복한 집짓기에 비견된다. 차지에 그의 '가슴의 눈금 읽기'는, 의문과 혼돈 털어버리기를 전제로 하기에 일상에 안주하기를 거부하고 잇닿은 시간대를 축으로 상상력을 확대하며 빛나는 감성의 일깨움에 몰두하는 주의

집중에 따뜻한 시선과 격려의 박수를 보내야 할 것이다.

여기서 미적주권을 확립하기 위해 시의 자주성, 독자성을 회복시키려는 시의 틀 짜기를 위한 그만의 열정과 고뇌는 눈물겹다. 한 시대의 비공인 된 입법자로서 현대와 전통의 틀을 쌓고 허물며 자신의 시적 토양과 지평을 구도적인 자세로 아우르기를 반복하는 정신적 행위는 엄숙하다. 놀랍게도 강은혜 시인은 자의적 은폐를 서정적 미의식으로 회복시켜 지식·정보화 시대에 몸담고 있는 오늘의 우리에게 미감이 뛰어난 순수 서정시를 접목시켜 한 순간 치솟던 마음의 분노를 평정시키는 시적 치유治癒의 가능성과 정신적 기후마저 따뜻하게 조성시켜주는 역사적 소임을 충직하게 수행하고 있다.

정신적으로 궁핍한 삶의 처소에서 절제된 정감으로 사제로서의 역할을 담당하고 있는 강은혜 시인은 〈뜨거운 사랑〉, 〈함께 흐르고 싶다〉, 〈부부〉 등의 시편을 통하여 삶의 동반자이며 생의 반려자에 대해 애틋한 관심을 기울이며 경계 허물기의 등식으로 불신의 인간관계를 사랑으로 회복시켜주고 있다. "하나님께서/ 나를 당신에게 보내고/ 내게 당신을 보내주심은/ 허점을 돕기 위함입니다(사랑하는 당신과 함께)"라며 긍정적 사유에 머물기를 못내 소망하고 있다.

비교적 전통적인 맥락에서 강은혜 시인이 즐겨 틀과 도구로 사용하는 서정시는 의미 시 또는 생명력이 있는 건강한 현대시와 결속되기도 한다. 모두冒頭에서 밝힐 문제는 아니지만, 모더니즘 유파의 다양한 실험 시와 해체 시의 공존 양상을 검색하기 위하여 문예사조에 대응하는 팽팽한 긴장감과 치열한 시 정신은 결코 경원시하여서는 아니 될 항목임은 오래 기억할 일이다.

2. 시적 감응感應과 시인의 소임

인간의 영혼은 신으로부터 나와 신으로 회귀하는 반사상反射像이다. 생티에리는 "인간의 영혼이 어떻게 자기 자신의 아름다움을 생각할 수 있겠는가? 또한 어떻게 바로 자기 안에 그 모습을 비추는 자의 찬란함에 정복당하지 않을 수 있겠는가?"라고 자문하였다. 무엇보다 자명한 것은, 인간은 점진적으로 영적 상승을 통해 동물적 상태에서 이성적 상태로, 그리고 이성적 상태에서 영적인 상태로 이동할 수 있음의 재인再認이다. 특히 감동을 회복하는 작업에 열중인 강은혜 시인은 '오늘의 위대함을 포용하는 순간은 지금이다'라는 오프라 윈프리적 사고로 현실의 충실함을 항변하면서도 "거부할 수 없는 인고의 세월/ 아, 주름살 깊이만큼이나/ 그리도 많이 걸린 시간의 비늘(벗이여)"을 인간관계성의 소중함을 다시금 나직하게 피 흘림하고 있다.

이처럼 정신적으로 창조된 것이 물질보다 한결 생명적이기에 다망한 일상에서도 몸담고 있는 정신세계의 토양이 되고 의미망을 확장할 때의 인간층위와 자연(바람)에 관해 인식한 정신력의 내구성耐久性이 견고한 고독과 바람 앞에 선 강은혜 시인의 정신풍경을 응시할 수 있음은 일상적 삶의 환희에서 수용된 심상心象의 형상화이다.

짧은 만남
긴 이별

긴 만남
짧은 이별

사랑이란
길고 짧음으로 척도 되는
가슴의
눈금 읽기인 것을…

-〈가슴의 눈금 읽기〉 전문

자신의 선한 심성과 담백한 품격으로, 정조情調를 엄격히 통제하고 즉물적 현상을 적확하게 풀어 보인 '합리성, 그 모순에 대한 사유'에 민감한 강은혜 시인의 시적 의미성은 "짧은 만남/ 긴 이별// 긴 만남/ 짧은 이별"에서 '길고 짧음'이라는 대칭구도로 응축되고 빛난다. 우리가 접하는 현재의 즉물 현상은 이처럼 일정한 패턴으로 고정된 것이 아니라 새로움을 향한 끊임없는 변전이다. 삶과

죽음, 만남과 이별 등 이분법적 발상은 곧, 우주적 상상력을 확대하는 통로 이미지의 유추로 '가슴의 눈금 읽기'라는 여과과정을 위한 자아의 내적 성숙을 위한 이행이며 자아성찰自我省察의 눈물겨운 반복이다.

강은혜 시인의 골격을 형성하고 있는 시편은 생명의 본질, 본원本源에 대한 회귀로 결부되어 있다. 특히 그만의 독자적인 인식의 심층에 내재되어 있는 대상의 시적 추이推移는 마침내 단절된 계절의 층위, 절박한 상황 속에서도 '사랑'이 종자(불)가 되어 생명에 대한 섬세한 정감으로 지적인 세계를 뛰어넘은 주정적 감정의 세계로의 전이轉移에 해당한다.

가만히
귀 기울이면 들린다.
"사랑해요"

―〈봄 봄〉에서

열림 지향적 사고의 결과물인 '사랑의 유의미'는 "당신이 심어준/ 싹 하나/ 가슴으로 키운다(첫 사랑 · 2)"에서 확인되듯 빛의 통로이다. 그것은 에드워드 호퍼(Eward Hopper)의 시선이 닿은 모든 대상과 공간이 무미건조한 공간에 익숙한 현대인들의 도시 위로 사각형의 햇빛이 쏟아지는 현상, 그렇다. '사각형 유리창 너머에 앉은 결코 자유롭게 소통하지 못하는 사람들'은 한번쯤 숙고해 볼 일이다. 기실 근자에 시적 관심은 점차 심층적인 경향보다 언희言戱(pun), 시의 표층으로 전이되고 있음은 한 시대의 변형이기에 시인의 시적 경향은 본능적 지략으로 육화해야 살아남을 수 있다.

이것은 강은혜 시인에게도 예외일 수는 없지만, 놀랍게도 언어의 논리 사이에 불현듯 출현하는 그의 시적 생산물은 자기희생을 통한 역동성을 제공하고 있기에, 이 같은 색채는 다음의 시편을 통해서 확인된다.

젖은 빗물 때문일까
비에 젖은 그리움 때문일까
망설이며 돌아가지 못하는
인사동 네거리엔
하염없이 비는 내리는데

−〈인사동엔 비만 내리고〉에서

흐르다가 몸 섞어/ 하나가 되는/ 따로 따로 왔다가/ 하나로 돌아가는 비//
불이不二의 생리/ 우리도/ 불이不二//

−〈비〉에서

무엇보다 혼돈의 시대에 '인사동에 불이不二의 생리生理로 나리는 비'처럼 때로는 맑고 푸른 생명의 바람으로 우리 주변에 머물면서 상처 입은 영혼을 따뜻한 가슴으로 치유하기를 열망하고 있는 강은혜 시인은 정신적 피폐함 속에서 고통 받는 소외된 독자들의 기대에 어긋남이 없이 삶의 현장을 탐색하는 순수한 영혼을 지닌 아름다운 존재이다. 까닭에 그의 긍정적 시각은 2-3%의 염분이 오염된 바다를 생명의 처소로 정화시키듯 세속적인 틀을 부수며 어두운 세기를 초연하게 자신의 의지로 헤쳐 나가는 '진정한 극소수의 창조자로서의 면모'를 담백하게 형상화하고 있다.

3. 영혼의 잠식蠶食과 내면인식

순수성이 결핍되고 무너져 내린 암울한 삶의 일상에서, 예언자로서의 시인은 예기치 못한 즉물적 현상을 버티어 내기가 비록 버거울지라도 푸른 식물성 언어를 조탁하여 실상이 흐려 있는 영혼의 통로를 탐색하기 위한 고뇌를 감내하여야 한다. 몰개성이라는 변명으로 21세기의 화두話頭인 상성相生의 원리를 거스르지 말고, 영혼의 안식을 위해 언어에 대한 식별력은 물론 정신지리와 내면인식에 대한 열정 또한 지속하여야 한다. "앉으나 서나/ 언제나 당신생각으로/ 아무 것도 보이지 않고/ 들리지도 않는다(첫사랑)"처럼 궁핍한 "영혼의 잠식蠶食과 그 길 찾기"를 체득하는 강은혜 시인의 시적 탐색이 감동의 회복작업과 맞물려 있음은 유념할 필요가 있다.

또 하나 그의 시편이 가슴을 따뜻하게 하는 비법은, "세상에서 가장 행복한 날은/ 임을 만나려가는 길가에/ 풀잎 한 잎이라도 아름답고/ 온 세상 가득 핑크 장미뿐/ 마음은 바람 타고 님에게로/ 두둥실 날아가는 날입니다 (가장 행복한 날)"로 시화詩化된 '회의와 변명, 그리고 부끄러움의 시학'에 대한 논의로 구명된다. 담백한 품격의 소유자인 강은혜 시인이 몸담고 있는 삶의 처소에서 구도자로서의 따뜻한 감성의 시학은, 사랑을 축으로 진리를 밝히는 불燈이며, 생명적 기호로도 풀이된다.

글의 모두冒頭에서 강은혜 시인이 정신적 부산물로 형상화한 낯익은 시편들은 보다 엄격하게 유의미한 것으로 적확, 격렬, 구체적, 복합적이다. 따라서 리듬과 형태를 갖추어 가치를 확증하려고 노력한 그의 지난한 몸짓이 눈물겹도록 순수한 것은 감동의 회복에 연유한 결과다. 이처럼 신선한 감동을 안겨주는 정직성은 그만의 저력이며 독자를 긴장시키는 마력이다. 자못 생생한 일탈의 정신을 예술적인 질감과 터치로 형상화한 '꽃잎'으로 일관된 그만의 시작행위는 엄숙하고 생명적이다. 여기서 도외시할 수 없는 그의 따뜻한 감성에서 배어나온 연민의 정과 감미로운 눈물, 그리고 천상의 층계를 오르는 고독한 창조적 능력, 즉 수동적인 사물과 능동적인 사물을 결합하는 매개적 정신능력(the intermediate faculty)의 범주에 위치한 시적 상상력이기에 감동마저 충격적으로 일깨워주고 있다.

모름지기 강은혜 시인은 삶의 순간을 포착하여 놓치지

않고, 불확실한 시간대와 공간에서 생존하는 인간존재의 탐색을 위해 땅에 가라앉은 낮은 음성과 겸허한 몸가짐, 그리고 감미로운 감성으로 시혼을 즐겨 노래하는 시인이기에, 그의 시 읽기는 바람의 통로를 탐색하기 위한 행복한 정신작업으로 해석된다. 이 같은 경향은 "천년이나/ 만년이나/ 바람의 머리가 허여케 희어져/ 흰 눈처럼/ 하얗게 내릴 때까지 사랑해야 할/ 정녕 사랑하는 사람아(내 사랑하는 사람아)"를 통해 보다 투명하게 확인되고 있다.

강은혜 시인에게 있어 그 자신이 고뇌하며 상재한 시집 『하얀 그리움에 물든 꽃잎』에서 발현되는 견고한 성채城砦의 신앙심을 발산하는 힘도 역동적이지만, 우리의 관심사는 한 사람의 충직한 시인이 삶의 처소를 아름다운 서정의 미감으로 장식할 뿐만 아니라, 피멍든 손으로 영혼의 닻줄을 잡아당기는 힘겨운 행위를 자신의 소임으로 인식하고 있는 점일 것이다. 특히 즉물적 현상을 거부하지 않는 그의 섬세하고 치밀하고 적확한 기호 캐내기 작업은 번개 같은 영감靈感을 충격적으로 시화詩化하는 예술 행위로 간주된다. 모름지기 필자가 그에게 거는 한결같은 기대라면 언어의 심연과 시적 치유를 위해 증오와 무관심이 내재된 삶의 처소에서 푸른 식물성 언어로 꽃잎을 시화詩化한 온유한 품격의 소유자로 감동을 회복하는 신선함과 주의집중으로 천상天上의 선율을 감미롭게 탄주彈奏하여 아직도 철학과 사상이 결여된 우리시문학의 토양에 차별화 된 시의 지평을 열어 따뜻한 정신기후를 조성하라는 것이다.

하얀 그리움에 물든 꽃잎

인쇄 2008년 5월 13일

발행 2008년 5월 20일

지은이　강 은 혜

펴낸이　김 창 석

펴낸곳　홍익출판사

대구광역시 중구 삼덕3가 245-2

☎(053)421-6700, 427-3627

ISBN 978-89-7826-188-3 03800

정가 10,000원